AF358852

CERCLE CATHOLIQUE DU LUXEMBOURG

(RUE DU LUXEMBOURG, N° 18, A PARIS)

CONFÉRENCE OZANAM

SÉANCE SOLENNELLE
DE CLOTURE

TENUE SOUS LA PRÉSIDENCE DE

M. LE BARON DE MACKAU

DÉPUTÉ

LE 19 JUIN 1883

TRENTE-DEUXIÈME ANNÉE

(ANNÉE SCOLAIRE 1882-1883)

BOURGES

IMPRIMERIE PIGELET ET FILS ET TARDY

15, RUE JOYEUSE, 15

1883

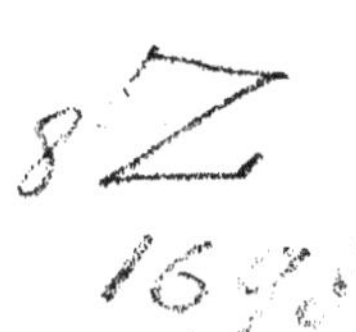

ANNALES DE LA CONFÉRENCE OZANAM

PRÉSIDENT DE LA CONFÉRENCE	PRÉSIDENT DE LA SÉANCE SOLENNELLE	RAPPORTEUR
MM.	MM.	MM.
1861 F. Beslay.	R. P. Gratry, de l'Académie française.	F. Fabrège.
1862 Abbé Perreyve.	S. E. le Cardinal Morlot, archevêque de Paris.	
1863 De Cardaillac.	E. Bonnier, professeur à la faculté de droit.	J. Raulin.
1864 De Franqueville.	Abbé Hugonin, directeur de l'école des Carmes.	Cte Roger de Beaufort.
1865 De Franqueville.	A. Cochin, membre de l'Institut.	Georges Nivet.
1866 Cte Roger de Beaufort.	R. P. de Damas, de la Compagnie de Jésus.	Charles Jacquier.
1867 Paul Besson.	César Cantu.	Pierre de La Gorce.
1868 Paul Besson.	Mgr Lavigerie, évêque de Nancy.	Georges Nivet.
1869 Paul Besson.	Duc A. de Broglie, de l'Académie française, ancien ministre.	Arnold Mascarel.
1870 Paul Besson.	Antonin Rondelet, professeur à la faculté des lettres.	Babaud-Monvallier.
1872 Barthélemy Terrat.	Lucien Brun, député.	Rougé de Chalonge.
1873 R. P. Dulong de Rosnay.	Cte Frantz de Champagny, de l'Académie française.	Henri Alpy.
1874 R. P. Dulong de Rosnay.	Chesnelong, député.	Henri Couétoux.
1875 R. P. Dulong de Rosnay.	Mgr Dupanloup, de l'Académie française.	Paul Sévène.
1876 R. P. Dulong de Rosnay.	Georges de Belcastel, député.	Émilien Combier.

PRÉSIDENT DE LA CONFÉRENCE	PRÉSIDENT DE LA SÉANCE SOLENNELLE	RAPPORTEUR
MM.	MM.	MM.
1877 Barthélemy Terrat.	Léon Gauthier professeur à l'École des Chartres.	Félix Bonnet.
1878 Félix Bonnet.	Abbé Méric professeur à la Sorbonne.	Georges Holleaux.
1879 Christian de Coulonge.	Merveilleux du Vignaux, ancien avocat général, ancien député, professeur à l'Institut catholique.	Cte de Las Cases.
1880 Christian de Coulonge.	Camille Rousset de l'Académie française.	Alphonse Deville.
1881 Christian de Coulonge.	A. Paris. sénateur, ancien ministre.	Maurice Roger.
1882 Christian de Coulonge.	Baron de Ravignan sénateur.	François Le Hénaff.
1883 Christian de Coulonge.	Baron de Mackau, député.	L. Normand.

QUESTIONS ÉTUDIÉES

PENDANT L'ANNÉE 1882-1883.

1° Apprécier la morale des *Fables* de Lafontaine. — Rapporteur : M. Gaston DE LA TAILLE ;

2° La politique de Philippe II a-t-elle été utile à la grandeur de l'Espagne? — Rapporteur : M. J. GUILLEMIN ;

3° Apprécier au point de vue moral et littéraire l'œuvre d'Octave Feuillet. — Rapporteur : M. J. BRAY ;

4° Faut-il supprimer ou maintenir ou modifier le baccalauréat? — Rapporteur : M. A. DEVILLE ;

5° La théorie naturaliste peut-elle, comme elle le prétend, avoir une valeur morale et littéraire? — Rapporteur : M. Edmond BRUYANT ;

6° La France doit-elle développer et agrandir son empire colonial? — Rapporteur : M. L. NORMAND.

CONFÉRENCE OZANAM

SEANCE SOLENNELLE DE CLOTURE

La Conférence Ozanam, du Cercle catholique
du Luxembourg, a tenu le mardi 19 juin 1883
sa séance solennelle de clôture pour l'année
scolaire 1882-1883.

A neuf heures, M. le baron de Mackau, député, occupe le fauteuil de la présidence, ayant
à sa droite Mgr d'Hulst, recteur de l'Institut catholique; à sa gauche, M. l'abbé de la Garde,
directeur du Collége Stanislas.

Prennent également place sur l'estrade d'honneur le R. P. Hubin, de la Compagnie de Jé-
sus; M. l'abbé Lebrun, proviseur honoraire du
Lycée de Nevers; M. l'abbé Raphanel, directeur
de l'École Bossuet; MM. le comte de Saint-Ai-
gnan et d'Aillières, députés; MM. Besson, ancien député, Terrat, professeur à la Faculté
catholique, l'un et l'autre anciens présidents de
la Conférence Ozanam.

Un nombreux auditoire remplit la salle. On y remarque plusieurs de MM. les Curés des paroisses de Paris ; M. l'abbé Decorbie, directeur de l'Œuvre de Notre-Dame des Étudiants ; le docteur Ozanam, etc., etc.

Au début de la séance, M. Christian de Coulonge, président de la Conférence, s'adressant à M. le baron de Mackau, s'exprime en ces termes :

MONSIEUR LE DÉPUTÉ,

La Conférence Ozanam a des traditions déjà vieilles. Elle leur est toujours fidèle. Établie pour former des *orateurs chrétiens*, elle s'adresse toujours à des orateurs chrétiens pour les prier de présider ses séances solennelles. Vous avez accepté cette année cette mission et je tiens avant tout, à vous en remercier. Vous n'avez pas voulu refuser cette marque de sympathie à une jeunesse, ardente pour le bien, profondément dévouée à la cause catholique et qui est heureuse de saluer en vous, l'un des membres les plus actifs des Comités de défense de la liberté religieuse. Peu d'entre nous avaient jusqu'ici l'honneur de vous connaître personnellement, mais nous savions tous, les efforts énergiques et persévérants que vous avez tentés en faveur de la cause à laquelle nous aussi, nous voulons consacrer notre vie. Votre nom nous appartenait avant même que vous nous eussiez honorés de votre présence « car c'est un privilége qu'on ne peut réussir « à nous enlever, à nous catholiques, celui de ne jamais être « étrangers les uns aux autres ».

L'un de nos prédécesseurs à cette présidence nous le disait éloquemment : « Dès que nous sommes réunis dans l'invoca- « tion de notre foi commune, nous sentons bien vite entre

« nous comme un lien et comme un centre, Celui qui a pro-
« mis sa divine présence au milieu des chrétiens rassemblés
« en son nom ; et nous pouvons changer de lieu, rencontrer
« de nouveaux visages sans cesser pour cela d'être de la mai-
« son [1]. » C'est bien cette communauté de foi religieuse qui
nous a conduit vers vous et c'est à elle certainement que nous
avons dû votre si bienveillant accueil, mais un autre lien cependant nous unissait encore. Presque tous les membres de la
Conférence Ozanam se livrent à l'étude du droit, soit qu'ils
se destinent au barreau, soit qu'attendant des temps meilleurs,
ils portent leurs regards et leurs ambitions vers cette magis-
trature dont vous avez si constamment défendu l'indépen-
dance. Ils ne pouvaient, dès lors, oublier que vous avez été
l'organisateur et que vous êtes le président d'un Comité
de jurisconsultes qui appuient sur la loi leurs énergiques
revendications. La loi n'est pas toujours l'expression de la
justice et du droit ; souvent, aux époques tourmentées elle
s'en écarte ; mais dans un pays profondément chrétien quoi
qu'on en dise, dont les institutions pendant plus de mille ans
ont pris la religion pour base et fondement, ces écarts ne
peuvent jamais être si complets qu'on ne puisse trouver dans
la législation, des moyens de défense pour la vérité et la justice. Vous l'avez prouvé, Monsieur, dans bien des circonstances,
mais tout récemment et ce sera pour vous un éternel honneur,
vous avez attaché votre nom à la déclaration des catholiques
de la commission du Concordat, et vous avez protesté contre
la violation nouvelle d'un contrat synallagmatique qui ne
peut être modifié que du commun accord des parties contrac-
tantes. C'est ainsi que dans des actes de votre vie politique
vous avez su encore vous constituer le défenseur de nos convictions religieuses. Mais je m'arrête sur ce terrain glissant
qui n'est point de notre compétence. Au Cercle du Luxem-

1. Discours de M. Merveilleux du Vignaux (séance du 20 novembre
1879).

bourg nous nous interdisons rigoureusement toute excursion sur le domaine de la politique et par là nous gagnons en concorde et.... peut-être en sécurité, ce que nous perdons du côté de la liberté. Elle est cependant suffisamment libre notre tribune pour que nous y puissions aborder des sujets actuels et variés qui permettent à chacun de nous d'étudier un peu, d'apprendre beaucoup en écoutant les autres et surtout de former notre parole à exprimer correctement notre pensée. La littérature a pris une grande place cette année dans nos discussions. Sur six questions mises à l'ordre du jour elle en a revendiqué trois. Il semble qu'inconsciemment nous ayons éprouvé le besoin de chercher dans le domaine idéalisé des lettres, une contre-partie aux agitations du dehors. Quelle illusion toutefois ! la littérature d'une époque est le reflet, la photographie de son temps et nos discussions littéraires nous l'ont bien montré. Du XVII° siècle avec Lafontaine nous sommes tombés dans le XIX° avec M. Zola. — C'est vous dire, Messieurs, que nous ne sommes point restés dans ce monde idéal et calme qui chante les merveilles de la nature et qui s'extasiait autrefois devant les bergers aux pipeaux champêtres et les bergères enrubanées.

> Sur les prés fleuris
> Qu'arrose la Seine
> Cherchez qui vous mène
> Mes chères brebis !!!

Heureux temps que ceux-là ! mais ils sont loin de nous. —L'histoire, et comme un vieux souvenir des gloires passées, l'extension de la France par les colonies, nous ont occupé pendant plusieurs séances — l'enseignement enfin, sous le titre concret de baccalauréat nous a permis d'étudier l'une des questions les plus graves qui occupent aujourd'hui les esprits studieux. Cette discussion vous eût particulièrement intéressé, Monsieur le Député, vous qui trouvez encore au milieu de vos multiples travaux le temps et la possibilité de donner votre concours à cette grande société d'éducation et d'enseignement dont il y a quelques semaines, ici même, nous applaudissions les efforts et les succès. Mais ce qui a caractérisé cette année d'une manière toute particulière les études de la Conférence Ozanam, c'est l'ardeur extrême des discussions et la chaleur des convictions. Vous avez compris, mes chers Collègues, que pour bien dire, il faut avant tout *croire* et ce sont des croyances raisonnées, des convictions fortes que vous avez apportées à votre tribune — Entre le rhéteur habile et le véritable orateur il n'y a guère de différence que la sincérité et l'énergie des convictions et quelle différence cependant au point de vue de l'éloquence !

Pour défendre notre cause il faut des hommes convaincus. Eux seuls peuvent amener les indifférents et quelquefois des adversaires à partager leurs croyances. — C'est ce qui fait la force de cette phalange d'hommes dévoués, qui, minorité infime dans nos assemblées, savent cependant pour leur cause et pour leurs personnes, conquérir l'estime et le respect. Vous êtes de ceux-là, Monsieur, et c'est avec bonheur que dans quelques instants nous entendrons votre parole, non pas seulement parce qu'elle trouvera un vibrant écho dans le fond de nos cœurs, mais encore et surtout parce qu'elle sera la parole d'un homme convaincu qui met au service de ses convictions tout ce que la Providence lui a départi de courage, de force et de talent.

Après cette allocution, plusieurs fois interrompue par les bravos de l'assemblée, M. le baron de Mackau donne la parole à M. Lucien Normand qui présente le rapport suivant :

Monsieur le Député,

Messieurs,

Il est une époque de la littérature romaine qui m'a toujours frappé, et je vous demanderai la permission d'évoquer en vous le souvenir des quelques détails que Pline le Jeune nous en a, si je ne me trompe, transmis dans ses lettres. C'était donc sous l'empire : les luttes du forum étaient depuis longtemps ensevelies dans l'oubli ; la tribune ne retentissait plus des éloquents discours des Caton ni des Cicéron, et la littérature, elle aussi, semblait déchue du rang où l'avaient élevée les poètes et les écrivains du siècle d'Auguste.

Et cependant, des esprits distingués cultivaient encore les lettres et l'art oratoire ; mais, le génie faisant défaut, il y fallait suppléer par des moyens artificiels, et les « *recitationes* » devinrent, vous le savez, l'épreuve que toute œuvre devait subir avant de solliciter les suffrages du public. A côté de ces cercles littéraires, hôtels de Rambouillet de l'époque, où déjà la cabale et la mode triomphaient du bon goût, l'éloquence, elle aussi, rampait comme elle le pouvait, et de guerre lasse, ne trouvant plus personne pour recueillir le dépôt sacré des siècles passés, elle, ou plutôt son ombre, s'était réfugiée dans les écoles des rhéteurs. Là on apprenait à discourir agréablement sur tous les sujets, et de préférence sur ceux auxquels on était étranger. Le plus beau triomphe alors était de pouvoir soutenir aussi brillamment le pour et le contre dans toute question, de se réfuter soi-même et de réduire à néant sa propre argumentation : les rhéteurs y réussirent si bien que de toutes leurs productions il ne reste presque rien, et nous n'avons, je crois, pas lieu de le regretter.

Il m'a toujours semblé que de pareils procédés étaient les

signes infaillibles d'une décadence littéraire, et vous savez qu'à Rome, elle ne s'est pas fait attendre.

Il serait peut-être facile de découvrir aujourd'hui ces mêmes symptômes de décadence, surtout en ce qui concerne l'éloquence, et on pourrait sans trop de peine vous faire sentir combien elle est méconnue, mutilée même, dans ces « parlottes » aujourd'hui innombrables où l'expression quelquefois élégante et facile couvre toujours le vide de la pensée, et où le plus souvent la passion tient lieu de conviction.

Mais ce serait se livrer sans intérêt à des critiques acerbes, et j'aime mieux vous dire tout de suite le but plus élevé que la Conférence Ozanam s'efforce d'atteindre, et les écueils qu'elle cherche à éviter.

Là, comme vous le verrez tout à l'heure, Messieurs, s'agitent toutes les questions d'ordre littéraire, historique, économique et social qui ne peuvent laisser indifférents des esprits cultivés, et un peu ambitieux de se préparer aux difficultés de l'avenir. La politique seule en est exclue, surtout cette politique militante et actuelle qui conduit toujours à quitter les principes pour en arriver aux personnalités blessantes ; toutefois, et cela vaut mieux, on peut s'y préparer quand même et s'y former des convictions profondes et raisonnées en les faisant reposer sur les études historiques toujours si fécondes en enseignements utiles, même à l'heure actuelle. A la tribune sont appelés des orateurs de toutes opinions et je ne connais guère de réunion où l'on puisse exprimer plus librement sa pensée, où toutes les idées soient plus impartialement accueillies. C'est qu'en effet ici, on veut former des orateurs convaincus, ne craignant pas de laisser paraître leurs illusions et déborder leur enthousiasme, mais par dessus tout des orateurs droits, honnêtes, élevés, prêts à prendre en main toutes les grandes et nobles causes, en un mot des orateurs chrétiens !

Ne vous étonnez donc pas, Messieurs, que la Conférence Ozanam vive toujours sans éprouver de défaillance. Et cependant, voyez dans quelles tristes conditions elle s'ouvrait. Cette année, notre Président était retenu loin de nous par un grave accident; il n'est pas besoin de vous dire combien allaient faire défaut cette impulsion qu'il sait donner à la Conférence et cette large et sage direction qu'il imprime à nos séances, quel vide, en un mot, son absence laissait parmi nous. Et d'autre part, on savait que plusieurs parmi les plus brillants orateurs de la Conférence Ozanam n'y pouvaient plus assister. Qu'allait-il donc advenir de nos discussions si l'on ne voyait plus sur nos programmes ces noms qui attiraient toujours un auditoire empressé?

Rassurez-vous vite, Messieurs, la Conférence a trop de vitalité pour ne pas supporter vaillamment de pareils coups, quelque pénibles qu'ils soient. Grâce au tact exquis et à l'intelligente direction du Président intérimaire, la Conférence n'a rien perdu de sa régularité, de sa bonne tenue et de son entrain. Les anciens ont tenu à honneur de soutenir sa renommée, et on a vu tout à coup surgir des jeunes gens qui, hier encore, timides auditeurs, sont aujourd'hui devenus de rudes athlètes. Grâce à eux, cette année peut compter parmi les plus brillantes de la Conférence, par l'assiduité aux séances, par le nombre et le talent des orateurs, par la valeur des études qui ont jeté la lumière sur toutes les discussions.

Et voilà qu'il me faut faire revivre toute cette belle période ! C'est en présence de pareils souvenirs qu'on sent tout le poids de la charge qui pèse sur le pauvre rapporteur. Vous lui demandez, en effet, un tableau vivant de ce qu'a été la Conférence cette année; à peine s'il va vous en présenter une pâle photographie. Il ne peut donc plus compter, mes chers Collègues, que sur vos souvenirs personnels et votre amicale attention pour suppléer à toutes les inexactitudes qui se révéleront dans la tâche difficile qu'il entreprend.

Mais où je sens mieux encore ma faiblesse, c'est quand je songe, Monsieur le Député, que je parle devant un homme qui joue dans nos assemblées un rôle si important, et qui est toujours au premier rang pour soutenir de si hauts intérêts; laissez-moi néanmoins espérer que vous m'accorderez cette bienveillante indulgence que ne savent jamais refuser les esprits élevés et généreux !

I

Il est presque traditionnel à la Conférence Ozanam de commencer chaque année par une discussion littéraire, — la littérature ayant le privilége de rester toujours le terrain qui nous est le plus familier, celui sur lequel nous engageons le plus volontiers la lutte à notre retour à Paris. — Pendant les vacances on s'est tout entier livré aux plaisirs des voyages, de la chasse et de la campagne; on s'est contenté d'écouter la grande voix de la Nature qui chante si haut et si harmonieusement les merveilles de la Création, on a senti alors que toute éloquence au monde pâlit et doit s'effacer à côté de celle-là, et, avec une sorte de volupté, on s'est renfermé dans un silence de muette admiration.

Comme tout alors semblerait ardu, s'il fallait reprendre de suite l'examen de ces grands problèmes qui semblent être pour toujours à l'abri d'une solution rationnelle et pratique ! La littérature seule peut servir de transition, car elle seule peut être le reflet des beautés que nous offre le monde sensible et le monde intellectuel. Elle a de plus le don d'attirer les jeunes collègues qui, nouveaux venus parmi nous, n'oseraient s'aventurer dans une carrière inconnue et accidentée. Ils craignent moins, par contre, d'aborder une question littéraire où leurs études les ont préparés à l'avance, et, bientôt, remplis de confiance et de courage, ils voient qu'il n'y a rien de redoutable à franchir les gradins de la tribune, et que toujours on s'y trouve en présence d'un auditoire sympathique et bienveillant, chez qui ni l'envie, ni le parti pris n'attiédissent jamais les applaudissements qu'on est toujours heureux d'accorder aux talents qui se révèlent.

C'est Lafontaine qui, cette année, comparut le premier à la barre de la Conférence. Quelle discussion peut donc s'élever sur ce charmant auteur dont l'œuvre, suivant quelques hardis critiques, constitue la seule épopée nationale que puisse revendiquer la France? Mon Dieu! Messieurs, quelques esprits timorés éprouvèrent un scrupule, qui certes leur fait honneur, et en vinrent à se demander si l'on devait approuver sans réserve la morale des *Fables*. Quoi! est-on tout d'abord tenté de s'écrier, Lafontaine immoral! Mais Lafontaine est le plus ancien et le plus aimable compagnon de nos premières années, le diseur charmant qui, en nous intéressant aux mésaventures d'un agneau ou d'un pigeon voyageur, nous initiait déjà à toutes les difficultés de la vie. — C'est encore le moraliste fin et pénétrant qui semble avoir si bien tout embrassé de son œil observateur qu'il n'est pas un jour peut-être où l'on ne trouve l'application merveilleusement exacte d'un de ces dictons populaires qui rendent un auteur immortel. C'est enfin le philosophe à la fois naïf et sublime que, paraît-il, on se plaît à relire encore au déclin de la vie, quand les teintes argentées se jouent dans les cheveux; à cet âge tout de souvenirs et de profondes réflexions, où l'on aime à se dégager de cette terre pour élever plus haut ses regards et ses espérances.

Oui, Messieurs, tel est le poète dont quelques-uns ont contesté la moralité; eh bien! j'en suis sûr, ses mânes n'auront pas tressailli de la même indignation que s'il a lu dans le *Mercure*, qui transmet les nouvelles terrestres au royaume des ombres, le travestissement grotesque que vient de faire subir à ses Œuvres je ne sais quel hérétique en littérature qui, pour flatter de basses et viles passions, n'a pas craint d'effacer d'une main sacrilége les noms de Dieu et de Providence qui reviennent d'une façon si touchante sous la plume du fabuliste.

A ce plagiaire ridicule, j'espère qu'un jour il intentera par devant le farouche Minos un bon procès en contrefaçon et déloyale concurrence, tandis que s'il a entendu votre discussion, Messieurs, il se sera contenté de ce sourire fin et légèrement sceptique qui devait si souvent animer la face du bonhomme.

Il faut avouer qu'on ne l'a pas trop ménagé et qu'on lui a dit ses vérités avec une franchise dont ne devrait jamais se départir la critique littéraire. Un orateur n'a pas craint de rappeler quelle avait été la vie privée et la morale en action de Lafontaine, morale bien plus conforme à celle des *Contes* qu'à celle des *Fables*. Or, de même que Buffon l'a dit du style, on peut dire à l'inverse, l'homme c'est sa morale, et ils n'ont rien de bien édifiant ni l'un ni l'autre. C'est, en effet, la morale de celui qui cherche avant tout à sauvegarder tous ses intérêts et pour qui, loin d'être haïssable, le moi devient le principe et la fin de toutes choses; c'est la morale du lion ou du loup qui démontre par des arguments, sinon *ad hominem* du moins *ad bestiam,* que la raison du plus fort est toujours la meilleure ; celle du renard dont toutes les ruses sont bonnes pour s'approprier le bien d'autrui ; celle encore du courtisan qui doit, pour se bien mettre en cour, répondre en Normand, et savoir crier au bon moment: « Vive le Roi ! et vive la Ligue ! » morale, en un mot, qui ne s'élève point au-dessus de nos misères et de nos faiblesses et n'atteint jamais cette sphère éthérée, où même avant le christianisme, la faisaient planer et briller d'un si vif éclat nombre de philosophes païens

Une accusation en aussi bonne et due forme provoqua une défense éloquente, et nombre d'orateurs vinrent hardiment réclamer les circonstances atténuantes pour l'homme et l'acquittement pur et simple pour le fabuliste dont la morale ne peut être que très-générale et n'a jamais eu la prétention de poser des principes d'une rigoureuse pureté. Lafontaine, vous a-t-on dit, est un conteur de sens droit et honnête qui donne des conseils de la vie pratique, observe ce qu'il voit autour de lui, et en tire des conclusions en rapport avec les diverses situations du monde. Loin d'être en opposition avec la morale pure, celle du fabuliste la seconde en faisant de ses lecteurs des hommes de bien ; le but ainsi poursuivi ne saurait être que très-méritoire ; chacun est appelé à en tirer profit et le genre humain ne pourrait que gagner à mettre en action la morale des *Fables* de Lafontaine à qui on serait mal venu de reprocher d'avoir été initié à toutes les faiblesses humaines ; il lui suffisait pour cela de regarder autour de lui. Telle a été, du reste, Messieurs, l'opinion de la Conférence qui, faisant preuve d'une largeur d'idées et de vue dont elle s'honore, a conclu que « on ne peut mieux faire qu'encourager la lecture des *Fables* de Lafontaine et que la morale qui en découle, pour être pratique, n'en est pas moins saine, » même avions-nous envie d'ajouter, sans expurger ses Œuvres des expressions vraiment surannées de Dieu et de Providence !

II

Restons, si vous le voulez bien, Messieurs, sur le terrain littéraire, et souffrez que j'intervertisse l'ordre chronologique de vos discussions pour grouper les sujets de même nature et éviter ainsi des redites fastidieuses.

Si la Conférence Ozanam aime toujours se reporter vers nos classiques comme à la source du bon goût, elle ne dédaigne pas non plus d'arrêter ses regards sur les écrivains contemporains en renom, voire même les romanciers ; et ainsi on se proposa d'apprécier au point de vue moral et littéraire l'œuvre d'Octave Feuillet. Ce nom éveille certainement le souvenir d'heures bien doucement écoulées en compagnie de cet amiable auteur. M. Feuillet, également applaudi à la lecture et au théâtre, a son public à lui, et tout homme ayant quelque prétention au bon goût doit placer en évidence sur les rayons de sa bibliothèque les Œuvres complètes de M. Feuillet. Il est aussi, n'est-il pas vrai, l'auteur favori des dames et on rencontre, je crois, peu de jeunes filles, ayant lu « *Sibylle* » et le « *Roman d'un jeune homme pauvre,* » qui n'aspirent à se plonger au lendemain même de leur mariage dans toutes ces nouvelles aux titres si attrayants : *Un mariage dans le monde !* — *Histoire d'une Parisienne !* — *Journal d'une femme !* Elles sentent bien que ces pages vont leur révéler toute cette partie de la vie que jusqu'alors on a pris grand soin de leur cacher; et il y a grand intérêt à se demander si l'âme ingénue, mais toujours curieuse, qui vient s'abreuver à cette source y trouve toutes les qualités vivifiantes de la saine littérature et de la saine morale, ou si, au contraire, sous sa fraîcheur exquise et arômée ce breuvage ne distille pas quelque principe vénéneux d'autant plus dangereux qu'il y est mieux dissimulé.

Presque personne ne contesta à M. Feuillet le talent d'un écrivain correct et élégant, et si quelques-uns lui préférèrent le style plus vigoureux et coloré de M. Daudet et de certains auteurs réalistes, on s'accorda néanmoins à reconnaître que sans être pour cela, le dernier des classiques, du moins M. Feuillet avait comme eux la facture aisée et la phrase châtiée.

Mais les dissentiments furent plus marqués quand il s'agit d'apprécier la valeur morale de ses ouvrages. Ses admirateurs, et ils sont nombreux, ne savaient plus comment exprimer leur enthousiasme et féliciter M. Feuillet de n'avoir choisi ses héros que dans la haute société, dans le meilleur monde. Chez lui peu de situations choquantes, ni de passions malsaines, ni de personnages répugnants et toujours une extrême décence de l'expression. Sauf au théâtre où il a dû quelquefois abandonner son exquise urbanité, il ne dépeint que les travers et les vices des salons les mieux composés ; c'est déjà suffiant ; il ne suit peut-être pas toujours scrupuleusement la morale évangélique, mais il ne manque jamais aux règles déjà bien rigoureuses de cette morale du monde qui repose sur l'honneur. S'il a dû risquer quelques situations hardies de femmes un peu légères et d'hommes assez corrompus, c'est qu'il s'en rencontre à chaque pas dans le monde. M. Feuillet a donc rendu à ses contemporains le service de leur dévoiler leurs petitesses, et il a eu bien soin de les condamner énergiquement, car chez lui le vice est souvent puni, et si la vertu n'y est pas toujours récompensée, elle y est par contre entourée d'une auréole de martyre et de gloire qui la relève mieux encore que ne le saurait faire un triomphe éclatant. Que peut-on dès lors, reprocher à cet auteur ? s'écriaient ses partisans. Par la forme comme par le fond de ses OEuvres, il se rapproche autant qu'il est possible de la perfection que tout écrivain doit s'efforcer d'atteindre. Lui seul relève notre littérature de toutes les grossièretés qui la souillent aujourd'hui, lui seul mérite d'y survivre et de conserver dans la postérité une place marquante.

Chose étonnante ! Messieurs, tout le monde ne fut pas convaincu, et des orateurs eurent l'audace de contester de tous points ces assertions enthousiastes. Ils allèrent même jusqu'à condamner une morale qui ne connaît d'autres critérium et ne s'appuie sur d'autres principes que ceux de l'honneur. Or, qu'est-ce que l'honneur, tel qu'on l'entend dans le monde, sinon une chose essentiellement relative et changeante, un mot sonore qu'on aime surtout à invoquer pour en couvrir des actes souvent contraires à toutes les lois de l'humanité ? — On reprocha encore à M. Feuillet de s'être trop tenu à l'écart de son siècle et, sous prétexte de peindre un milieu choisi, de l'avoir si bien composé qu'il n'existe que dans son imagination et ne se rencontre pas dans les salons que fréquente la société parisienne. Et encore, dans ce monde idéal, a-t-il presque toujours traité le même sujet sous des formes à peine variées, à l'exception toutefois de *Sibylle* qui est une conception fausse d'un bout à l'autre, du *Roman d'un jeune homme pauvre* absolument invraisemblable, et de *M. de*

Camsis qui restera sa seule création, le seul type vivant qu'il ait tracé et qui soit digne d'un renom posthume.

Les situations chez M. Feuillet se reproduisent à peu près les mêmes et ne diffèrent que par les détails où il excelle. C'est presque toujours un mariage entre jeunes gens nobles et riches : aux yeux du monde toutes les conditions de bonheur se trouvent réunies, oh! il n'y manque que bien peu de chose, cette affection réciproque et cette estime mutuelle qui seule, il me semble, peut donner un charme sans mélange à l'union intime et pour la vie de deux êtres qui hier encore s'ignoraient l'un et l'autre. Aussi voyez comme les dissentiments se produisent vite : des deux côtés, on s'aigrit, et la réconciliation devient impossible. La femme change en relations coupables son amitié pour le jeune homme qu'elle a reconnu trop tard être l'idéal que rêve toute jeune fille, et le mari, de son côté, ne reste pas en arrière d'infidélités. Bref, adultère facile, naturel, correct et très-excusable, puis pour terminer, duel ou suicide, voilà qui sous des apparences honnêtes, est autrement dangereux que les œuvres naturalistes du jour qui peignent le vice sous un tel aspect d'horreur et d'épouvante que chacun se hâtera d'en fuir jusqu'aux apparences.

La Conférence se trouva bien embarrassée pour réhabiliter M. Feuillet et le replacer sur le piédestal d'où il semblait quelque peu déchu ; mais, à la fin, voulant tout sauvegarder, répondre à la voix de la conscience et justifier aussi les heures que ses membres consacrent à chaque nouveau roman de M. Feuillet ; elle déclara que « l'œuvre de M. Feuillet mérite au point de vue moral des critiques sévères et au point de vue littéraire des grands éloges pour la distinction de son style et l'intérêt très-vif qui s'attache principalement à la lecture de ses romans ».

M. Feuillet, bien que assez souffrant, il y a quelque temps, a encore, nous l'espérons bien, de longues années à vivre, et il ne les saurait mieux employer assurément qu'à compléter

la série de ses romans parisiens. Souhaitons alors que l'écho
de cette discussion aille jusqu'à lui ; car, je n'en doute pas,
il sera si touché du reproche adressé à ses Œuvres, qu'il s'ef-
forcera de ne plus jamais le mériter. Alors, il atteindra
presque la perfection, et on ne pourra dès lors lui adresser
que de chaleureux éloges sans plus avoir de restriction à y
apporter.

III

Comme je vous l'ai laissé entrevoir, on avait souvent, au
cours de la discussion précédente, opposé M. Feuillet aux
auteurs naturalistes, et avec des appréciations diverses le
nom de M. Zola était plusieurs fois venu en opposition avec
celui de M. Feuillet. La Conférence désira s'expliquer nette-
ment sur ce sujet et invita ses orateurs à rechercher si la
doctrine naturaliste peut, comme elle le prétend, avoir une
valeur morale et littéraire : question pleine d'intérêt et d'ac-
tualité et qui ne laisse personne indifférent pas plus ceux
qui se nourrissent des assaisonnements un peu épicés des
œuvres naturalistes que ceux qui, se gardant bien d'y jamais
jeter les yeux, n'en crient pas moins à qui veut les entendre
que c'est l'abomination de la désolation.

Parler de la théorie naturaliste, c'était, évidemment, parler
de M. Zola qui le premier l'a formulée et en qui se personni-
fient, on peut le dire, toutes ses qualités et tous ses défauts.
Oui, Messieurs, le nom de Zola fut souvent prononcé à la
tribune, et de nombreux passages, quelques-uns même assez
énergiques, en furent lus. Quelques membres de la Conférence
essayèrent bien de se scandaliser. Mais forcés de se montrer
d'une sensiblerie moins féminine, ils se vengèrent, je vous
assure, en faisant pleuvoir sur le pauvre M. Zola, qui n'en
pouvait mais, toutes les foudres classiques et romantiques que
put accumuler leur orageuse indignation.

Ils anathématisèrent donc la doctrine naturaliste et la

déclarèrent en contradiction complète avec les principes les plus élémentaires de la littérature et de la morale.

Partant du vieil adage que la littérature ne doit aspirer qu'au beau, ils ont honni le naturalisme qui prétend ne considérer que le vrai, et qui, sous prétexte d'être vrai, ramasse ses héros dans la fange, les place dans des situations honteuses, enveloppe le tout de détails répugnants et nauséabonds et n'arrive en fait de vérité qu'à produire le dégoût et l'horreur ! Pour une page d'une réelle valeur, comme étude morale et comme style, combien y en a-t-il sur lesquelles on ose à peine arrêter ses yeux ! partout des descriptions ignobles, des expressions d'une crudité révoltante ; c'est un langage à faire rougir le soir dans la chambrée le moins réservé des sapeurs, et voilà ce qui prétend être de la littérature et obtenir la faveur du public. *O tempora ! ô mores !* Où donc l'époque du tendre et du merveilleux si féconde, si riche et si pure, où donc le siècle classique où l'âme seule intéressait les écrivains qui ne s'arrêtaient que rarement à considérer cette enveloppe grossière qu'on appelle le corps humain ? Aujourd'hui le matériel, le physique est seul en honneur ! On admettrait encore le réalisme de Balzac qui se greffe sur des études de mœurs approfondies, et le naturalisme de M. Daudet qui ne frise que de loin en loin la trivialité, mais déjà Flaubert franchissait les bornes et M. Zola a dépassé toute mesure. Lui, personnellement, pourrait trouver quelques excuses car il a une certaine valeur, mais sa doctrine doit être condamnée pour avoir ouvert la porte à toutes les grossièretés.

La Conférence, Messieurs, consacra cette manière de voir et avec une unanimité dont on ne trouverait peut-être pas d'autre exemple dans vos annales, déclara que les « excellents passages qui existent dans certains romans naturalistes sont dus au talent de l'auteur et non à la doctrine naturaliste, qui n'a de valeur ni au point de vue moral, ni au point de vue littéraire ».

N'allez pas croire toutefois, qu'il ne se soit élevé aucun défenseur du naturalisme ; la lutte, il est vrai, a été inégale, mais des orateurs, dans un jugement original, ont estimé que, la littérature restant sans influence sur les mœurs et apparaissant bien plutôt comme leur vraie expression et leur émanation directe, le naturalisme ne saurait être immoral car il n'est que la peinture exacte de l'époque qui l'a produit.

Dans son ensemble, dirent-ils, le naturalisme ne peut avoir qu'un effet salutaire par les tableaux qu'il trace, du vice et de ses conséquences, et tandis que des auteurs réputés idéalistes y attirent par la riante parure qu'ils lui donnent, le naturalisme, le faisant apparaître dans sa hideuse nudité, en dégoûte pour jamais. Personne, suivant eux, après avoir lu la description du *delirium tremens* ne s'adonnerait à l'ivrognerie ; et les saisissantes peintures de *Nana* retiendraient au bord de l'abîme ceux et celles qui seraient sur le point de s'y perdre.

Et quant à la valeur littéraire, la pourrait-on dénier à une école qui a produit des morceaux d'une réelle beauté où des descriptions saisissantes sont animées d'un style imagé et vigoureux qui tranche singulièrement sur la phraséologie fade, insipide et incolore du journalisme contemporain. On rencontre il est vrai, dans les œuvres naturalistes, quelques passages orduriers, mais outre qu'ils ne sont trop souvent qu'une faible reproduction de la réalité, ils sont en moins grande quantité qu'on ne croit, et une statistique curieuse a établi que chez M. Zola la proportion des pages risquées n'était que de 5 0/0.

Si au moins, les auteurs naturalistes voulaient suivre en tous points les progrès de l'époque et par des conversions habiles ramener leur taux à 3 0/0, tout le monde y gagnerait et nul de ceux qui se précipitent à l'apparition d'un roman naturaliste ne viendrait demander son remboursement. C'est là en effet, Messieurs, permettez-moi cette parenthèse, une face nouvelle, la seule vraie peut-être, de la question du naturalisme. Il fallait faire argent de sa prose, pour cela il était besoin de sortir du commun. L'*Assommoir* a été le coup de pistolet que, suivant les conseils d'un critique contemporain, tout auteur doit tirer par sa fenêtre juste à temps pour captiver l'attention du public ; ici la tentative devint un éclatant succès : il ne s'agissait plus que de bâtir une théorie, M. Zola l'a construite de toutes pièces, et il faut le reconnaître, avec une grande opportunité. Rien de naturaliste, en effet, comme notre siècle où la physiologie s'est presque partout substituée à la psychologie, où la sensation détrône le sentiment, où toutes les jouissances basses et matérielles ne laissent que de loin en loin une pauvre petite place aux inspirations nobles et désintéressées ; où enfin toutes le passions viennent se confondre en une soif inextinguible de l'or. C'est le triomphe de Sa Majesté l'argent, la seule qui demeure sur son trône impassible et chaque jour plus puissante au milieu des cadavres qui s'amoncellent autour d'elle ! — La littérature devait bien, elle aussi, sacrifier à cette idole, et je m'étonne seulement que l'école naturaliste ne se soit pas constituée en une société par actions au capital de plusieurs millions de francs. Vous vous étonnez, Messieurs, mais je suis sûr qu'elle eût admirablement réussi et j'aurais pour ma part vivement engagé mes Collègues à y placer leurs économies. Vous auriez eu beau voter alors que la doctrine naturaliste était sans valeur, il vous aurait bien fallu reconnaître qu'elle en était une... et des mieux cotées !

IV

De la littérature à l'histoire le degré de parenté est proche, et si elles ne sont pas sœurs, elles ont du moins un air de famille bien marqué, et reçoivent à un titre presque égal les attentions et les hommages des esprits vraiment désireux de s'instruire et qui aiment à aller puiser à ces deux sources fécondes et pures du génie et de la vérité. Aussi jamais la Conférence Ozanam ne passe-t-elle une année sans consacrer quelques séances à l'étude d'un de ces grands problèmes historiques qui ont toujours de l'analogie avec l'heure présente. Philippe II d'Espagne a fait cette année l'objet d'une longue et belle discussion où de nombreux orateurs se sont plus à rechercher si sa politique avait été utile à la grandeur de l'Espagne.

Vous vous reportiez par là, mes chers Collègues, à une époque étonnante entre toutes, à ce XVIe siècle presque uniquement formé d'incroyables contrastes, époque de foi ardente poussée jusqu'au fanatisme, de passions démesurées, de haines implacables, de répressions d'une rigueur sauvage, où la lutte pour la religion et la vérité se signale par une cruauté presque aussi aveugle que la révolte criminelle de l'erreur et de l'impiété; époque sur laquelle planent en lettres de feu et de sang les mots : Inquisition et Guerres de Religion. Et cette époque vous aviez à l'étudier dans le pays qui la personnifiait le mieux, dans l'Espagne dont Charles-Quint avait assis l'empire immense sur le monde tout entier, à l'heure même où ce prince qui avait fait trembler toute la terre disparaissait d'une façon imprévue derrière les murs d'un cloître.

Ses dernières recommandations à son fils quand il abdiqua se réduisent à ces deux préceptes : « Le maintien de l'autorité royale dans toute son intégrité, — la contrainte à une stricte observance des principes catholiques. » Philippe II les recueillit et les appliqua si bien que ces deux maximes semblent résumer toute son œuvre politique.

C'était un héritage bien lourd à recueillir que celui de Charles-Quint, alors même que la moitié seulement de son empire revenait à Philippe; mais celui-ci le recevait en pleine prospérité, et l'historien est en droit de lui demander compte de ce qu'il a fait pour les pays qui lui étaient confiés.

— Le débat fut ardent, Messieurs, et cela se comprend, car on touchait de près aux questions brûlantes du pouvoir absolu et d'oppression des consciences. Presque tous cependant ont été d'accord pour témoigner peu de sympathie à l'homme privé, au père qui fit et laissa mourir son fils si misérablement, à celui enfin dont le sourire n'était souvent que le prélude du bûcher. Mais, à côté de cela, les opinions les plus diverses se firent jour pour apprécier l'œuvre extérieure et intérieure du roi d'Espagne.

Plusieurs orateurs, ne craignant pas de s'élever contre la tradition, firent ressortir ce qu'avait de particulièrement difficile la tâche de Philippe II et dévoilèrent tous les germes de décadence que renfermait forcément un empire trop vaste, composé d'éléments si divers et sans cohésion, placé de plus dans des conditions économiques déplorables. Les pays soumis à l'Espagne n'attendaient que le moment favorable pour s'en détacher, et on comprend que Philippe ait dû étouffer avec vigueur jusqu'aux symptômes d'émancipation qui se manifestaient ; on explique ainsi son énergique répression de l'Italie et des Pays-Bas. Ce qui prouve bien l'habileté de sa politique extérieure, c'est qu'il a travaillé à joindre à sa couronne celles d'Angleterre et du Portugal ; malheureusement, les événements l'ont mal secondé ; il ne doit cependant pas être rendu seul responsable de son insuccès, car il a fait tout ce qui était humainement possible de faire pour conserver à l'Espagne sa puissance extérieure.

On ne saurait pas davantage, ajoutèrent ces orateurs, l'accuser de cruautés exagérées à l'intérieur ni des prétendues horreurs de l'Inquisition politique. Il eut peut-être le tort d'en abuser dans un intérêt personnel, et de ne pas assez écouter la voix toujours clémente de l'Église ; mais il ne faisait que se servir d'une arme toute prête qui répondait alors aux mœurs et même aux désirs du peuple espagnol, si passionné en toutes choses, mais surtout dans les questions religieuses. Il faut bien reconnaître enfin que, grâce à l'exécution de quelques centaines d'hérétiques, il a épargné à son pays le spectacle affreux de la guerre civile. Partout ailleurs, les guerres de religion ont fait périr des milliers de victimes et semé des germes de désorganisation ; si l'Espagne en a été préservée bien plus longtemps que toutes les autres nations, c'est grâce à Philippe II qui aurait certainement soutenu la grandeur de l'Espagne s'il n'avait reçu entre les mains une puissance éphémère, destinée à s'écrouler rapidement.

On peut juger, Messieurs, de ce que doivent être les dissentiments provoqués par la politique du jour, quand on les voit aussi tranchés dans une simple question religieuse. Ainsi, dans beaucoup de discours, Philippe II ne figura plus que comme un souverain odieusement autoritaire, haineux, froidement pervers, entretenant ses rancunes, calculant ses vengeances, ne prenant conseil que de lui-même et finissant par croire, à force d'orgueil, à sa propre infaillibilité. Maintenir quand même son autorité sur tout ce qu'il estimait y devoir soumettre, tel a été, en somme, vous a-t-on dit, le seul but de tous ses efforts. On s'explique alors que le roi très-catholique ait commencé par porter les armes contre le Pape; que son entreprise insensée de l'invincible *Armada* ait pour jamais précipité l'Espagne du rang de puissance maritime, que dans tous les pays aux mœurs nationales, comme les Pays-Bas, il ait excité des révoltes en substituant à des gouverneurs habiles et conciliants les aveugles ministres de ses sourdes machinations et, qu'en résumé, par des luttes incessantes, il ait épuisé l'armée, l'unique force sur laquelle reposait la puissance de l'Espagne.

Il est encore facile de voir, ont ajouté ces orateurs, que c'est le sentiment exagéré de son autorité qui a dicté à Philippe II sa politique intérieure toute de haine et de duplicité ne variant que de la torture au poignard et au poison. C'est encore pour cela qu'il a fait un abus si condamnable de l'Inquisition et, qu'en dépit de ses regrets de s'être montré trop clément, il est permis de se demander s'il ne s'en est pas plutôt servi dans ses propres intérêts que dans ceux de l'Église. Une pareille direction devait avoir son contre-coup dans le pays et en amener fatalement la décadence.

La Conférence, Messieurs, trouva moyen de consacrer ces divers jugements en adoptant les conclusions suivantes : « La politique de Philippe II a été préjudiciable à l'Espagne, mais il faut reconnaître que sa politique religieuse a préservé son pays de l'hérésie, et l'on ne saurait voir en lui le principal auteur de la décadence espagnole. »

Par là, Messieurs, la Conférence prouvait une fois de plus quel esprit large et modéré elle cherche toujours à faire triompher ; car si elle place au-dessous de tout, et, en dehors de toute atteinte, les questions religieuses, même brûlantes, sur lesquelles nous ne saurions différer, elle s'efforce, pour tout le reste, de trouver la vérité dans les opinions les plus conciliantes et n'aime pas à consacrer les jugements où perce l'apparence même de la passion.

<h3 style="text-align:center">V</h3>

Jusqu'ici, Messieurs, je n'ai retracé que les discussions d'intérêt purement théorique et spéculatif, si j'ose parler ainsi, mais j'ai hâte de vous montrer que la Conférence aime aussi à traiter les questions regardées comme vitales pour notre pays et à s'arrêter en présence de ces grands problèmes dont la solution quelquefois est poursuivie en vain par les plus hautes assemblées. Vous le voyez, Monsieur le Président, notre jeune témérité ne recule devant rien ; les orateurs de la Conférence abordent tous les obstacles sans broncher, et s'ils ne les franchissent pas du premier coup, ils apprennent à les connaître, et plus tard ils sauront mieux les contourner : ce sera peut-être plus politique de leur part, mais je doute fort qu'ils soient jamais animés de plus généreux sentiments.

Or, voici qu'aujourd'hui chacun peut sentir la France menacée et rongée à l'intérieur par le socialisme, sorte d'ulcère qui creuse chaque jour la plaie plus profondément, mal d'autant plus difficile à enrayer et à combattre qu'il se dissimule mieux et revêt des formes plus diverses. Il s'agit donc d'y porter promptement remède et, en conséquence, la Conférence a eu à se demander si, tant au point de vue social qu'au point de vue des études, le baccalauréat est une institution bonne ou funeste, et s'il doit être maintenu, supprimé ou modifié. Il n'est pas besoin de vous dire que personne parmi nous ne s'est fait l'écho de rancunes particulières et n'a suivi l'exemple de cet homme politique qui réclamait la suppression d'une épreuve où son fils avait échoué la veille.

On s'est placé à un point de vue plus élevé pour venir adresser tout à la fois au baccalauréat, et au système d'études qu'il représente, de graves reproches ; il lui en avait d'ailleurs déjà été fait à plusieurs reprises, depuis 1848, par des hommes comme Bastiat et Montalembert dont la compétence donne singulièrement de poids à leurs critiques.

Voyez, en effet, vous ont dit les adversaires du baccalauréat : pour obtenir ce diplôme, et presque toutes les classes de la société y prétendent, les enfants quittent tout : pays, parents, profession honorable pour venir s'enfermer dans ces grandes prisons, appelées Colléges et Lycées, souvent aussi malsaines pour le corps que pour l'âme de ceux qu'on y entasse. Une fois là, il ne font même pas d'études ; le baccalauréat n'est plus ; c'est le « bachot » ; pour eux voilà le seul but, comme il est un seul mode de travail, «bachoter », c'est-à-dire se bourrer la tête de *Manuels* indigestes dont ils serviront plus ou moins exactement les inepties à des examinateurs blasés et indifférents. — Tout d'abord, il faut bien se le dire, cette préparation fait passer dans un moule unique tous les esprits, et étouffe toute individualité ; puis, qu'advient-il de ces êtres réduits à l'état de

sèches nomenclatures et de catalogues vivants? Refusés ou
reçus ils repoussent également le métier de leur père. Bien
persuadés qu'ils savent tout, ils ne connaissent rien. On a
beau inventer pour les bacheliers des surnumérariats de surnumérariats, bientôt toutes les places sont remplies ; ils ne trouvent pas la position à laquelle, suivant eux, leur peau d'âne
leur donnait droit ; ils se considèrent comme des victimes.
Voilà des mécontents, des déclassés, des socialistes, les plus
dangereux ennemis de tout ordre social !

Comme il serait plus sain et plus rationnel, en vérité, de
se contenter de fortes études primaires pour consacrer ses
soins aux écoles professionnelles trop négligées aujourd'hui,
et de laisser les hautes études à ceux qui en sentant les apti-
tudes et le besoin, et n'étant plus entravés dans leurs progrès
par tant de nullités, pousseront bien plus loin leur instruction
et y gagneront tous les avantages que présente le système
des Universités allemandes et anglaises ! Supprimer le baccalauréat, a-t-on conclu, c'est donc détruire un des plus
puissants éléments du socialisme, c'est replacer chacun dans
la situation qu'il doit occuper, c'est enfin rendre à la société
la force et l'harmonie sans lesquelles elle périrait infailli-
blement ! Quelles tristes révélations, n'est-ce pas, Messieurs,
quel douloureux effondrement de tous les rêves dorés qui
hantent d'ordinaire l'imagination des jeunes bacheliers !

Ces rêves, tous n'y voulurent pas renoncer, et nombre
d'orateurs s'élevèrent, champions ardents du baccalauréat.
Pourquoi, s'écrièrent-ils, accumuler tant de reproches, tous
aussi mal fondés ? Mais les études littéraires, loin de détruire
toute originalité, donnent un libre essor à de belles intelli-
gences, quelquefois même à de vastes génies qui, sans cela,
resteraient ignorés et ensevelis dans les difficultés souvent
insurmontables de la vie matérielle. Notre système actuel en
vulgarisant l'enseignement a le mérite de former le jugement
et d'élever l'esprit par un commerce continu avec les génies
de tous les peuples et de tous les temps jusqu'au jour où le

jeune homme ainsi mûri sentira naître en lui ses goûts particuliers, sa véritable vocation. Le baccalauréat relève donc le niveau moral et ne saurait être, en aucune façon, accusé de faire des déclassés et des socialistes qui existeront toujours, car ils sont le produit nécessaire des infirmités de notre nature.

Depuis un siècle que le baccalauréat existe, tous les hommes éminents ont essayé de le propager, c'est donc que ses heureux résultats le doivent faire maintenir. On comprendrait encore qu'on proposât à la place un système d'études plus logique et complet; mais, au lieu de cela, ses adversaires ne savent qu'y substituer et ils n'arrivent qu'à se lancer dans des essais et des tâtonnements plus dangereux mille fois que ce qu'ils voudraient supprimer.

La Conférence, Messieurs, eut de la peine à trancher cet intéressant débat. Dans un premier vote elle maintint le baccalauréat en principe. Puis, dans un second, elle crut préciser en le conservant « comme sanction des études secondaires, mais sans qu'il soit fait de cet examen une nécessité pour les diverses carrières ».

Peut-être vous semble-t-il que ces conclusions ne sont pas d'une logique rigoureuse et que les diverses opinions émises à ce sujet les peuvent avec autant de raison invoquer en leur faveur. Je suis assez de cet avis, mais, après tout, c'est un moyen fort habile de tout concilier et cette manière de trancher la question a été si souvent mise en honneur par nos assemblées législatives, qu'une simple conférence de jeunes gens pouvait bien à son tour suivre d'aussi nobles traces.

VI

Ce n'est malheureusement pas seulement à l'intérieur que notre patrie est atteinte, et plusieurs parmi nous se sont sentis profondément émus en pensant que la France, la belle et glorieuse France d'autrefois, naguère encore si puissante dans le monde entier, avait peine aujourd'hui à soutenir son rang. Ils ont vu la France presque mise à l'écart dans toutes les questions internationales, ils se sont demandés s'il n'y aurait pas un moyen de restaurer notre puissance extérieure et ils ont invité la Conférence à rechercher si la France avait intérêt à relever et étendre son empire colonial.

Parler des colonies, c'était évoquer tout un passé de hardies excursions, d'audacieuses conquêtes et d'étonnantes aventures où s'illustrèrent pour jamais nos marins, les plus vaillants de tous, parmi lesquels votre nom, M. le Président, nous le savons tous ici, demeure comme l'expression vivante du courage et de l'honneur : c'était encore rappeler l'attention sur des événements récents qui n'ont que trop prouvé combien la question des colonies et du protectorat français touche de près aux destinées même de la France : vous ne vous étonnerez donc pas, Messieurs, que cette discussion compte parmi les plus brillantes et les plus fructueuses de l'année.

Il ne faut pas croire toutefois, que dans un sentiment de patriotisme exagéré, la Conférence ait décidé par acclamation qu'il fallait faire flotter notre pavillon sur toute la terre. Des orateurs plus froids, considérèrent surtout, pour combattre la colonisation, la situation actuelle de la France. Ils exposèrent dans quelle infime proportion sa population augmente, à quel état d'épuisement en sont réduites nos ressources financières, et estimèrent que la France n'étant plus féconde et riche comme aux temps passés, c'était vouloir l'affaiblir encore que de la lancer dans ces vastes entreprises dont l'issue, toujours incertaine, est quelquefois funeste pour la métropole. Ils rappelèrent aussi que le Français n'est pas colonisateur, par tempérament, et que l'histoire est là pour témoigner de tous nos insuccès.

Que nous conservions, continuèrent-ils, ce qui nous reste aujourd'hui de colonies, qu'à la grande rigueur on soumette les pays qui menacent trop les frontières de nos possessions, cela est admissible ; mais il ne faut pas songer à coloniser sur une grande échelle, car pour cela il faudrait une émigration nombreuse et continue ; or, l'émigration déjà funeste dans un pays fécond qu'elle prive chaque année et ses plus solides travailleurs, n'est plus possible en France où les bras manquent déjà. Et puis le Français est trop heureux chez lui, et il laisse aux populations pauvres et misérables cette ressource désespérée d'aller tenter au loin des établissements hasardeux. Le Français, en un mot, a une trop belle part pour ne pas s'en contenter et compromettre une situation florissante encore dans de chimériques entreprises.

Plus ambitieux, cependant, se montrèrent un grand nombre d'orateurs qui s'appuyèrent, eux aussi, sur l'histoire et la situation actuelle de la France pour se déclarer chauds partisans de l'œuvre colonisatrice. L'histoire, en effet, atteste d'une part, qu'un pays maritime n'est puissant qu'à condition de reposer sur de florissantes possessions, et que d'autre part aux jours vraiment prospères de la France, notre empire colonial excitait l'envie de toutes les nations, même de la Hollande et de l'Angleterre.

Et quant à la situation actuelle, elle décèle aux yeux les moins clairvoyants de tels symptômes de décadence qu'il est grand temps d'y apporter un remède énergique. Or, sans parler de l'heureuse influence des colonies sur la métropole (il est constaté, par exemple, que la fécondité des Français renaît en pays étranger et se maintient dans les régions d'où l'on émigre encore) on ne saurait nier que coloniser est l'unique moyen de donner quelque vitalité à la marine, à l'industrie et au commerce, trois des principaux rouages d'un pays, mais aussi trois de ceux qui semblent le plus usés chez nous. Il est démontré enfin que si les colonies absorbent une grande quantité de capitaux elles finissent toujours par les restituer à la métropole et avec de gros intérêts.

On ne réclama pas, du reste, la création d'immenses colonies agricoles qui exigeraient trop de temps, de bras et d'argent ; mais on regarda comme indispensable de fonder des comptoirs de commerce et des postes politiques. Les heureux résultats obtenus, quoiqu'on en dise, en Algérie, devraient nous encourager à nous étendre en Afrique, tant sur cette côte de la Méditerranée où, les premiers, les croisés français et saint Louis osèrent planter la croix en face du croissant, qu'à l'Occident, du côté du Sénégal et du Gabon. On vous fit voir enfin que dans bien d'autres régions, à Madagascar, au Tonkin, dans les îles de l'Océanie et ailleurs, la France est appelée à jouer un rôle prépondérant auquel un gouvernement soucieux de sa mission et ayant quelque esprit de suite serait coupable de renoncer.

Toutefois les partisans de la colonisation ne le reconnurent possible qu'au moyen de nombreuses réformes administratives ; la vente des terre substituée à la concession gratuite, l'initiative privée affranchie de tout contrôle, l'autonomie communale et municipale accordée à la colonie ; tous ses intérêts, en outre, se concentrant dans les mains d'un ministre des colonies qui pourrait s'occuper activement de ces importantes questions au lieu de les considérer comme des hors-d'œuvre, et de les laisser à la remorque d'un autre ministère.

On émit enfin, Messieurs, le vœu que dans de pareilles entreprises on s'appuyât largement sur l'influence religieuse qui colonise plus sûrement encore que les armes ; on vous rappela que si le Canada est resté français de mœurs et de cœur, c'est grâce à nos prêtres et à nos missionnaires, et il fut à peine besoin de réveiller en vous le souvenir de cette soirée mémorable où nous accueillions de nos chaleureux applaudissements un ancien membre du Cercle, un ancien Président de la Conférence Ozanam, aujourd'hui Prince de l'Église, et qui revenait parmi nous, revêtu de la pourpre romaine, nous raconter de sa voie émue et vibrante ce que dans l'Afrique comme dans le monde entier, la croix peut faire pour le drapeau !

La Conférence, Messieurs, a consacré cette opinion, et a voté, « que l'extension de notre empire colonial doit être encouragé par le gouvernement, mais que l'administration en doit être modifiée sur les bases d'une large autonomie et confiée à un conseil colonial spécial placé près d'un ministre ».

Plusieurs fois, au cours de cette discussion, Messieurs, il avait été question du Tonkin. Nul, parmi nous, ne se doutait alors que cette région deviendrait au bout de quelques semaines si tristement célèbre! Personne ne pensait qu'il nous faudrait si tôt déplorer la mort de cette poignée de braves tombés sous les murs d'Hanoï, mais je tiens à saluer en votre nom de nos regrets et de notre admiration enthousiaste ces vaillants soldats, et ces nobles officiers dont la chute héroïque relève si haut la gloire de leur drapeau, et dont la mort fait que, sur le champ de bataille, le Français paraît plus grand encore dans la défaite que dans le triomphe!

VII

Une dernière question, Messieurs, avait été mise au rôle actif de la Conférence, relative au droit d'intervention de l'État pour secourir les ouvriers sans travail. L'époque avancée de l'année nous a fait penser qu'il était préférable d'attendre la rentrée pour traiter ce sujet d'un intérêt capital, et, comme de valeureux champions qui s'accordent une trêve pour réparer leurs forces et ne reprennent ensuite le combat qu'avec plus d'ardeur, les membres de la Conférence Ozanam se sont donné rendez-vous pour l'année prochaine.

Vous y serez tous, j'en suis sûr, mes chers collègues, et arriverez avec vos discours tout prêts, car le sujet est indiqué, le rapport sera déposé à l'avance, et vous aurez ainsi de longs mois de préparation : vous serez donc sans excuse si vous ne revenez pas avec de petits chefs-d'œuvre.

Mais ne revenez pas seuls, et amenez avec vous vos amis ; vous n'ignorez pas que le Conseil du Cercle a bien voulu ouvrir les portes de nos conférences aux étrangers, et nous avons tout lieu d'espérer que nos rangs se grossiront bientôt de membres actifs et distingués qui apporteront un élément nouveau de discussion à la Conférence et lui donneront comme un regain de verdeur et de jeunesse. Nous comptons donc sur vous et sur vos recrues pour jeter sur nos séances un éclat supérieur encore, si c'est possible, à celui qu'elles ont jamais eu depuis de longues années d'existence que compte la Conférence Ozanam. Et s'il existe dans cet auditoire des jeunes gens qui trouvent quelque intérêt à nos études, je leur dis hardiment : venez donc nous rejoindre, et, sans forfanterie, vous ne le regretterez pas, vous verrez quel stimulant au travail provoque la cordiale union qui règne parmi nous.

Il est encore une chose bien propre à soutenir nos efforts, c'est de voir chaque année des hommes comme vous, Monsieur le Député, nous témoigner assez d'intérêt et de sympathie pour s'arracher à tous les travaux que leur impose leur haute situation, et venir nous enseigner quel noble rôle est réservé en ce monde à l'homme de cœur !

Aussi n'est-il personne parmi nous qui n'ait hâte de s'armer pour concourir à son tour à la belle œuvre que vous et bien d'autres, que nous considérons comme nos maîtres et nos modèles, avez si vaillamment entreprise, et qui, à l'heure actuelle, revêt pour chacun de nous ces deux formes significatives; une inviolable fidélité à tous nos principes! la défense héroïque de notre liberté de conscience !

Certes, ce nous est un puissant encouragement; mais j'ai mission, mes chers confrères, de vous en donner un plus précieux encore que tous les autres. Il y a quelques jours, à peine, le vénéré Président du Cercle était à Rome et déposait aux pieds du Souverain-Pontife le respectueux hommage de notre filiale piété. Sa Sainteté Léon XIII y répondit en bénissant le Cercle et particulièrement les travaux de la Conférence Ozanam. De quelle ardeur ne devons-nous pas, dès lors, nous sentir animés !

Autrefois, quand les armées romaines luttaient avec peine contre les Barbares, à l'heure où le désastre menaçait, on faisait avancer la légion chrétienne jusque-là demeurée en réserve. C'était la ressource suprême, et chacun sentait que cette seule légion tenait entre ses mains le salut de l'empire tout entier. Alors, vous vous le rappelez, les chrétiens fléchissaient le genou ; dans une courte prière ils demandaient la bénédiction du Dieu des combats, puis se relevaient, et, dès lors invincibles, attaquaient les bataillons ennemis avec tant d'impétuosité que ce choc les brisait et décidait la victoire.

Il serait trop ambitieux de prétendre à une pareille mission ; car nous ne sommes qu'une bien petite légion de cette grande armée chrétienne chargée d'opposer une barrière infranchissable à la horde sauvage et barbare qui menace de renverser tout pouvoir établi. Mais nous aussi, nous avons fléchi le genou, nous aussi nous avons prié, et forts de la bénédiction que le Chef auguste de la chrétienté a daigné faire descendre sur nous, nous pourrons, quand nous serons appelés au combat, nous relever fièrement, serrer nos rangs, et marcher en avant, car la victoire définitive ne peut échapper à la justice et à la vérité !

En reprenant sa place, le rapporteur est salué par les plus chaleureux applaudissements.

M. le baron de Mackau donne ensuite la parole à M. de Brizey pour la lecture d'une poésie de M. Francis Fleuriot-Kérinou, membre de la Conférence.

REFLETS D'OR

1

Malgré l'opprobre ou l'anathème
Qui s'attache à toi, beau métal,
Je veux te chanter, car Dieu t'aime....
Il ne te créa pas fatal.

Sans toi jamais d'apothéose,
Partout où mon regard se pose
Dans les temples, au front des rois,
Je te vois briller ; et ta flamme
Met des rayons joyeux dans l'âme
Même en scintillant sur la croix.

2

Par ton éclat dans le ciel sombre,
Les astres semblent des louis ;
Quand je veux ealculer leur nombre,
Mes yeux s'arrêtent éblouis.
Dieu, le riche par excellence,
Nous révèle son opulence
Par cet infini de vermeil ;
Et sa main large et sans usure,
Donne à tous la même mesure
De son grand trésor, le soleil.

3

De toutes les splendeurs des mondes,
Des astres jusqu'aux feux follets,
Les plus pures, les plus fécondes,
S'enrichissent de tes reflets.
Le printemps, fils des rêveries,
Te jette en fleurs dans les prairies
Pour captiver nos yeux séduits ;
Et quand l'été nous environne,
Ton éclat ondoie ou rayonne
Dans les blés mûrs et sur les fruits.

4

C'est toi, substance aux cieux ravie,
Qui nous prodigues la chaleur,
Le feu qui ranime la vie
S'est revêtu de ta couleur.

C'est toi qui dans les étincelles
Souris, pétilles et recèles
La gaîté qui charme un séjour ;
Et si de l'aube au crépuscule,
Le soleil est de l'or qui brûle.
C'est encor toi qui fais le jour.

5

Ta force loin d'être affaiblie
S'active d'instants en instants,
Et le travail te multiplie
Comme les feuilles au printemps.
Le creuset que cherchaient nos pères
Pour rendre leurs jours plus prospères,
C'est le travail aux larges dons ;
Tout suit sa marche triomphale ;
Et la pierre philosophale
Maintenant nous la possédons.

6

La fortune que tu fais naître
Bien souvent pour nous décevoir,
Nous semble parfois méconnaître
L'intelligence et le savoir.
Mais quand l'homme auquel tu la lies,
Te dissipe dans ses folies,
Indignée, elle cherche ailleurs,
Et laissant celui qui la souille,
Libre et fière elle s'agenouille,
Aux pieds des rudes travailleurs.

7

Sais-tu combien ton beau mirage
Possède un charme tout-puissant
Quand il brille sur un visage
De femme ou bien d'adolescent ?

Des cils qui bordent leur paupière
Tu fais des franges de lumière ;
Tu mets des éclairs dans leurs yeux ;
Et par un heureux stratagème,
Tu parais te cacher toi-même
Dans les flots de leurs blonds cheveux.

8

Mais plus noble et plus magnifique
Est-tu, métal, quand tu franchis
Le seuil de l'enfant famélique,
Du vieillard aux cheveux blanchis.
Ton éclat met une auréole
A la simple et grande parole
Qui vient apaiser leur douleur,
Et leur âme où Dieu se dévoile
S'illumine comme une étoile,
S'épanouit comme une fleur.

9

Partout où la charité sainte
Te jette à flots illimités,
On entend s'endormir la plainte
Des pauvres et des révoltés.
Toute haine cède et s'écroule ;
Et, grâce à toi, de cette foule
Cherchant le pain substantiel
S'élève une prière immense....
Or béni, tu deviens semence
De moissons d'âmes pour le Ciel.

Après la lecture de ces beaux vers, qui ont obtenu auprès de l'auditoire le plus franc succès, M. le baron de Mackau prend la parole, et dans une brillante improvisation, que nous regrettons de ne pouvoir reproduire, félicite les membres de la Conférence Ozanam de leur ardeur au travail et de la fermeté qu'ils montrent dans les principes qui dirigent leurs études. La question religieuse, dit-il, domine toutes les autres questions, et on la retrouve vivante dans tous les problèmes sociaux que la société moderne a mission d'étudier et de résoudre. C'est donc un excellent système que la Conférence Ozanam a pris d'écarter de ses débats les stériles agitations de la politique, et dans tous ses travaux, d'éclairer les discussions au flambeau de la vérité religieuse. Qu'elle y reste fidèle. C'est une condition certaine de vie et de prospérité.

L'assemblée accueille ce discours avec les marques de la plus vive sympathie et se retire vers dix heures et demie sous le charme des beaux et nobles sentiments qu'elle vient d'entendre exprimer.

Bourges. — Typ. Pigelet et Fils et Tardy.